D1613625

MANOS DE PRIMAVERA

Papel certificado por el Forest Stewardship Council®

FSC
www.fsc.org

MIXTO
Papel procedente de
fuentes responsables
FSC® C117695

Primera edición: abril de 2019

© 1921, 1927, 1928, 1930, 1931, 1935, 1940, 1983, Federico García Lorca
© 2019, Aitor Saraiba, por las ilustraciones
© 2019, Ana Belén Ramos, por la selección de los poemas «Jardín chino», «Leñador», «Madre»,
«Es verdad», «La guitarra», «Escuela», «Baile», «Pan», «Memento. Aire de llano», «Cometa»,
«Canción tonta», «Mariposa», «Caracol», «El niño mudo» y «Romance de la luna, luna».
© 2019 Penguin Random House Grupo Editorial, S.A.U.
Travessera de Gràcia, 47-49. 08021 Barcelona

Printed in Spain – Impreso en España

ISBN: 978-84-17671-41-9
Depósito legal: B-2.350-2019

Diseño y maquetación: Magela Ronda

Impreso en Talleres Gráficos Soler
Esplugues de Llobregat (Barcelona)

GT 7 1 4 1 9

Penguin
Random House
Grupo Editorial

MANOS DE PRIMAVERA

Federico García Lorca

Montena

Índice

Este libro está dedicado
a todas las personas que
han muerto por defender
la libertad y la igualdad.

Gracias a Víctor Fernández
por sus consejos de valor
infinito; como su generosidad.

aitor saraiba

Jardín chino

En bosquecillos
de grana y magnesio
saltan las princesitas.
Chispas.

Hay una lluvia de naranjas
sobre el zig-zag de los cerezos
y entre comas vuelan azules
dragoncillos amaestrados.

Niña mía, este jardincillo
es para verlo en los espejitos
de tus uñas.
Para verlo en el biombo
de tus dientes.
Y ser como un ratoncito.

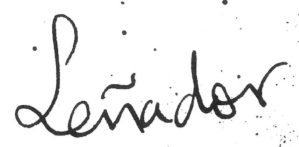

Leñador

En el crepúsculo
yo caminaba.
«¿Dónde vas?», me decían.
«A cazar estrellas claras.»
Y cuando las colinas
dormían, regresaba
con todas las estrellas
en la espalda.
¡Todo el haz
de la noche blanca!

Madre

La osa mayor
da teta a sus estrellas
panza arriba.
Gruñe
y gruñe.
¡Estrellas niñas, huid;
estrellitas tiernas!

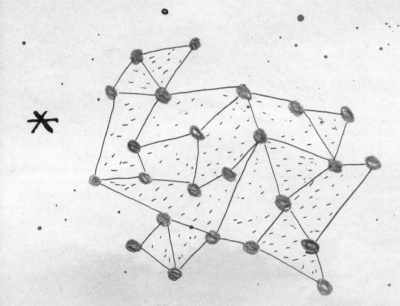

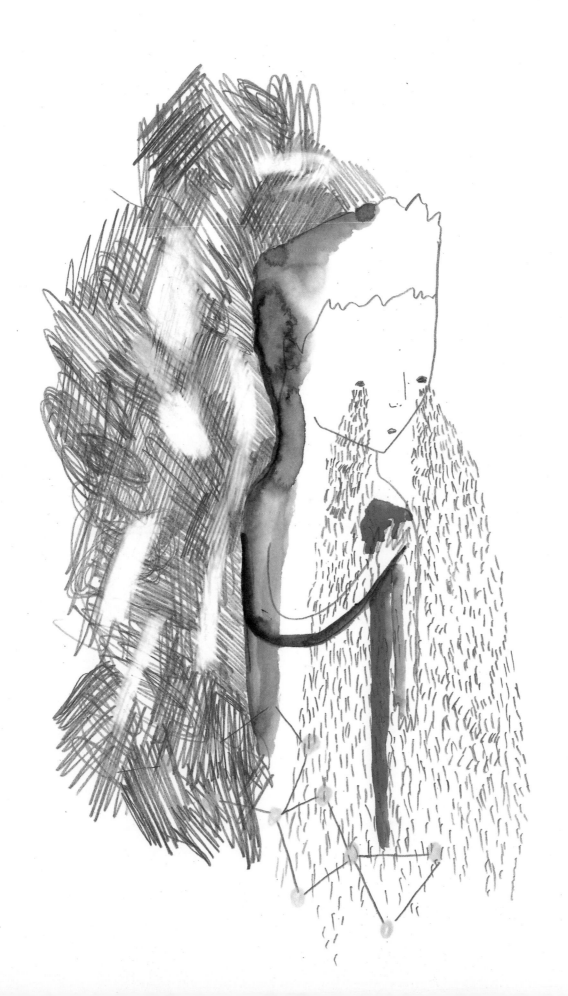

Es verdad

¡Ay qué trabajo me cuesta
quererte como te quiero!

Por tu amor me duele el aire,
el corazón
y el sombrero.

¿Quién me compraría a mí,
este cintillo que tengo
y esta tristeza de hilo
blanco, para hacer pañuelos?

¡Ay qué trabajo me cuesta
quererte como te quiero!

La Guitarra

Empieza el llanto
de la guitarra.
Se rompen las copas
de la madrugada.
Empieza el llanto
de la guitarra.
Es inútil
callarla.
Es imposible
callarla.
Llora monótona
como llora el agua,
como llora el viento
sobre la nevada.
Es imposible
callarla.

Llora por cosas
lejanas.
Arena del Sur caliente
que pide camelias blancas.
Llora flecha sin blanco,
la tarde sin mañana,
y el primer pájaro muerto
sobre la rama.
¡Oh guitarra!
Corazón malherido
por cinco espadas.

Escuela

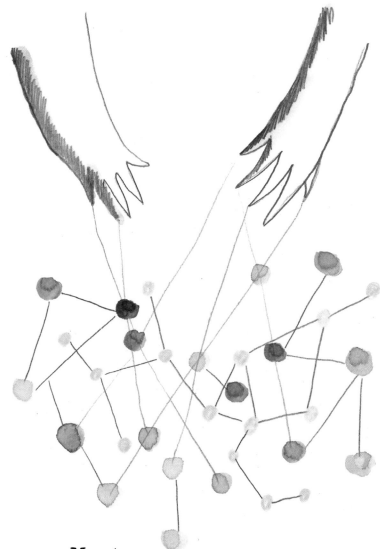

Maestro
¿Qué doncella se casa
con el viento?

Niño
La doncella de todos
los deseos.

Maestro
¿Qué le regala
el viento?

Niño
Remolinos de oro
y mapas superpuestos.

Maestro
¿Ella le ofrece algo?

Niño
Su corazón abierto.

Maestro
Decid cómo se llama.

Niño
Su nombre es un secreto.

*(La ventana
del colegio
tiene una cortina
de luceros.)*

Baile

¡Niña mía,
baila!

El que baila camina
sobre el agua.
¡Y dentro de una
llama!

Pan

¡Ved qué locura!
Los cuernos de Pan
se han vuelto alas
y como una mariposa
enorme
vuela por su selva
de fuego.
¡Ved qué locura!

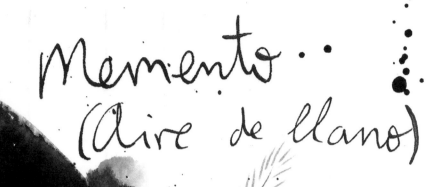

Memento (Aire de llano)

La luna ya se ha muerto

    do-re-mi

la vamos a enterrar

    do-re-fa

en una rosa blanca

    do-re-mi

con tallo de cristal

    do-re-fa.

Bajó hasta la chopera

    do-re-mi

se enredó en el zarzal

    do-re-fa.

¡Me alegro porque era

    do-re-mi

presumida de más!

    do-re-fa.

No hubo para ella nunca

    do-re-mi

marido ni galán

    do-re-fa.

¡Cómo se pondrá el cielo!

    do-re-mi.

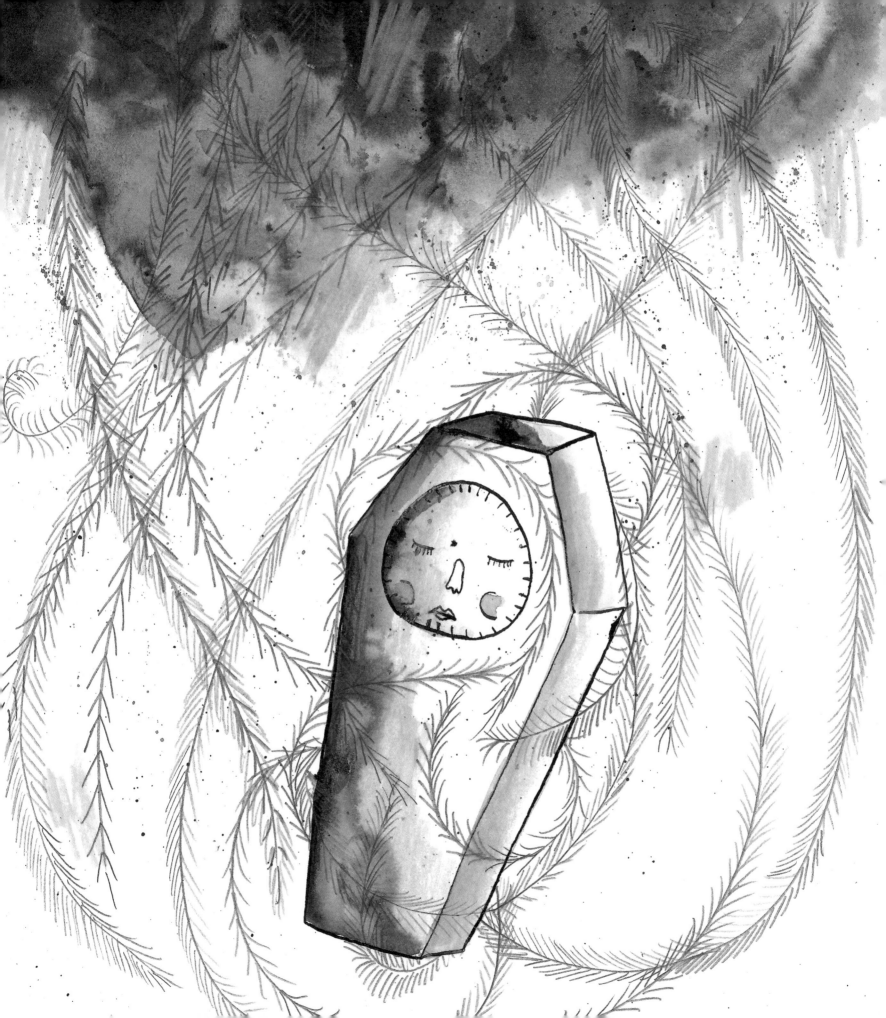

¡Ay cómo se pondrá!
do-re-fa
cuando llegue la noche
do-re-mi
y no la vea en el mar
do-re-fa.
¡Acudid al entierro!
do-re-mi
cantando el pío pa
do-re-fa.
Se ha muerto la Mambruna
do-re-mi
de la cara estelar
do-re-fa.
¡Campanas de las torres
do-re-mi
doblar que te doblar!
do-re-fa.
Culebras de las fuentes
do-re-mi
¡cantar que te cantar!
do-re-fa.

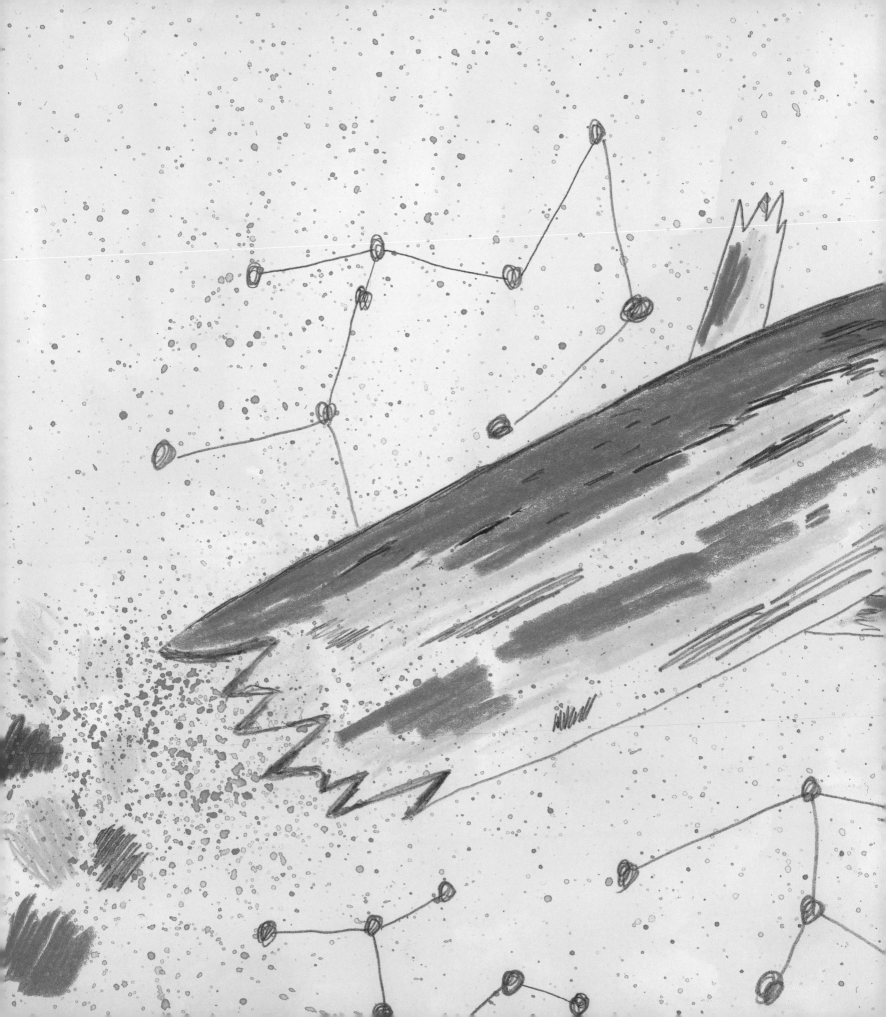

Cometa

En Sirio
hay niños.

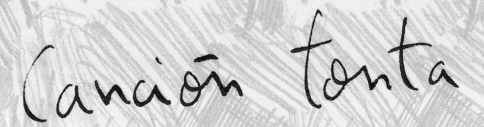

Canción tonta

Mamá.
Yo quiero ser de plata.

Hijo,
tendrás mucho frío.

Mamá.
Yo quiero ser de agua.

Hijo,
tendrás mucho frío.

Mamá.
Bórdame en tu almohada.

¡Eso sí!
¡Ahora mismo!

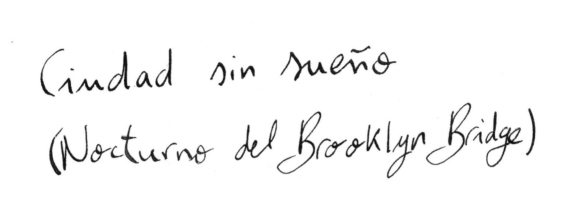

Ciudad sin sueño
(Nocturno del Brooklyn Bridge)

No duerme nadie por el cielo. Nadie, nadie.
No duerme nadie.
Las criaturas de la luna huelen y rondan las cabañas.
Vendrán las iguanas vivas a morder a los hombres que no sueñan
y el que huye con el corazón roto encontrará por las esquinas
al increíble cocodrilo quieto bajo la tierna protesta de los astros.

No duerme nadie por el mundo. Nadie, nadie.
No duerme nadie.
Hay un muerto en el cementerio más lejano
que se queja tres años
porque tiene un paisaje seco en la rodilla
y el niño que enterraron esta mañana lloraba tanto
que hubo necesidad de llamar a los perros para que callase.

No es sueño la vida. ¡Alerta! ¡Alerta! ¡Alerta!
Nos caemos por las escaleras para comer la tierra húmeda
o subimos al filo de la nieve con el coro de las dalias muertas.
Pero no hay olvido ni sueño:
carne viva. Los besos atan las bocas
en una maraña de venas recientes
y al que le duele su dolor le dolerá sin descanso
y al que teme la muerte la llevará sobre los hombros.

Un día
los caballos vivirán en las tabernas
y las hormigas furiosas
atacarán los cielos amarillos que se refugian en los ojos de las vacas.
Otro día
veremos la resurrección de las mariposas disecadas
y aún andando por un paisaje de esponjas grises y barcos mudos
veremos brillar nuestro anillo y manar rosas de nuestra lengua.

¡Alerta! ¡Alerta! ¡Alerta
a los que guardan todavía huellas de zarpa y aguacero!
Aquel muchacho que llora porque no sabe la invención del puente
o aquel muerto que ya no tiene más que la cabeza y un zapato,
hay que llevarlos al muro donde iguanas y sierpes esperan,

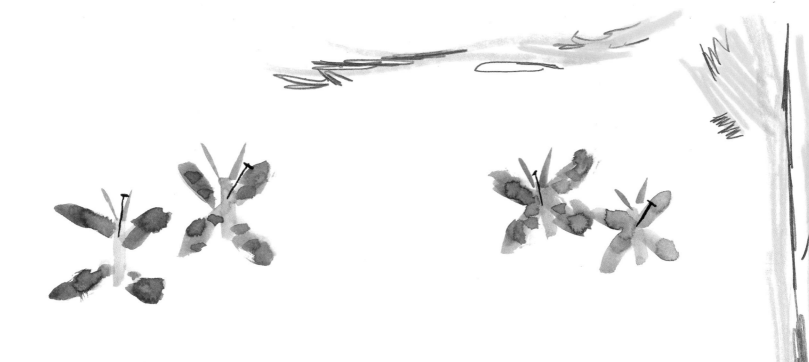

donde espera la dentadura del oso,
donde espera la mano momificada del niño
y la piel del camello se eriza con un violento escalofrío azul.

No duerme nadie por el cielo. Nadie, nadie.
No duerme nadie.
Pero si alguien cierra los ojos,
¡azotadlo, hijos míos, azotadlo!
Haya un panorama de ojos abiertos
y amargas llagas encendidas.
No duerme nadie por el mundo. Nadie, nadie.
Ya lo he dicho.
No duerme nadie.
Pero si alguien tiene por la noche exceso de musgo en las sienes,
abrid los escotillones para que vea bajo la luna
las copas falsas, el veneno y la calavera de los teatros.

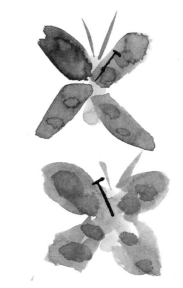

Mariposa del aire

Mariposa del aire,
qué hermosa eres,
mariposa del aire
dorada y verde.
Luz del candil,
mariposa del aire,
¡quédate ahí, ahí, ahí!...
No te quieras parar,
pararte no quieres.
Mariposa del aire
dorada y verde.
Luz de candil,
mariposa del aire,
¡quédate ahí, ahí, ahí!...
¡Quédate ahí!
Mariposa, ¿estás ahí?

Caracol

Caracol,
estáte quieto.

Donde tú estés
estará el centro.

La piedra sobre el agua
y el grito en el viento
forman las imágenes
puras de tu ensueño.
Las circunferencias
imposibles en tu cuerpo.

Caracol, col, col, col
estáte quieto.

Donde tú estés
estará el centro.

Romance Sonámbulo

*A Gloria Giner
y a Fernando de los Ríos*

Verde que te quiero verde.
Verde viento. Verdes ramas.
El barco sobre la mar
y el caballo en la montaña.
Con la sombra en la cintura,
ella sueña en su baranda
verde carne, pelo verde,
con ojos de fría plata.
Verde que te quiero verde.
Bajo la luna gitana,
las cosas la están mirando
y ella no puede mirarlas.

Verde que te quiero verde.
Grandes estrellas de escarcha,
vienen con el pez de sombra
que abre el camino del alba.
La higuera frota su viento
con la lija de sus ramas,
y el monte, gato garduño,
eriza sus pitas agrias.
¿Pero quién vendrá? ¿Y por dónde?...
Ella sigue en su baranda
verde carne, pelo verde,
soñando en la mar amarga.

Compadre, quiero cambiar,
mi caballo por su casa,
mi montura por su espejo,
mi cuchillo por su manta.
Compadre, vengo sangrando,
desde los puertos de Cabra.
Si yo pudiera, mocito,
ese trato se cerraba.
Pero yo ya no soy yo,
ni mi casa es ya mi casa.
Compadre, quiero morir
decentemente en mi cama.

De acero, si puede ser,
con las sábanas de holanda.
¿No ves la herida que tengo
desde el pecho a la garganta?
Trescientas rosas morenas
lleva tu pechera blanca.
Tu sangre rezuma y huele
alrededor de tu faja.
Pero yo ya no soy yo.
Ni mi casa es ya mi casa.
Dejadme subir al menos
hasta las altas barandas,
¡dejadme subir!, dejadme
hasta las verdes barandas.
Barandales de la luna
por donde retumba el agua.

Ya suben los dos compadres
hacia las altas barandas.
Dejando un rastro de sangre.
Dejando un rastro de lágrimas.
Temblaban en los tejados
farolillos de hojalata.
Mil panderos de cristal,
herían la madrugada.

Verde que te quiero verde,
verde viento, verdes ramas.
Los dos compadres subieron.
El largo viento, dejaba
en la boca un raro gusto
de hiel, de menta y de albahaca.
¡Compadre! ¿Dónde está, dime?
¿Dónde está tu niña amarga?
¡Cuántas veces te esperó!
¡Cuántas veces te esperara,
cara fresca, negro pelo,
en esta verde baranda!

Sobre el rostro del aljibe,
se mecía la gitana.
Verde carne, pelo verde,
con ojos de fría plata.
Un carámbano de luna,
la sostiene sobre el agua.
La noche su puso íntima
como una pequeña plaza.
Guardias civiles borrachos,
en la puerta golpeaban.
Verde que te quiero verde.
Verde viento. Verdes ramas.
El barco sobre la mar.
Y el caballo en la montaña.

El poeta habla por teléfono con el amor

Tu voz regó la duna de mi pecho
en la dulce cabina de madera.
Por el sur de mis pies fue primavera
y al norte de mi frente flor de helecho.

Pino de luz por el espacio estrecho
cantó sin alborada y sementera
y mi llanto prendió por vez primera
coronas de esperanza por el techo.

Dulce y lejana voz por mí vertida.
Dulce y lejana voz por mí gustada.
Lejana y dulce voz amortecida.

Lejana como oscura corza herida.
Dulce como un sollozo en la nevada.
¡Lejana y dulce en tuétano metida!

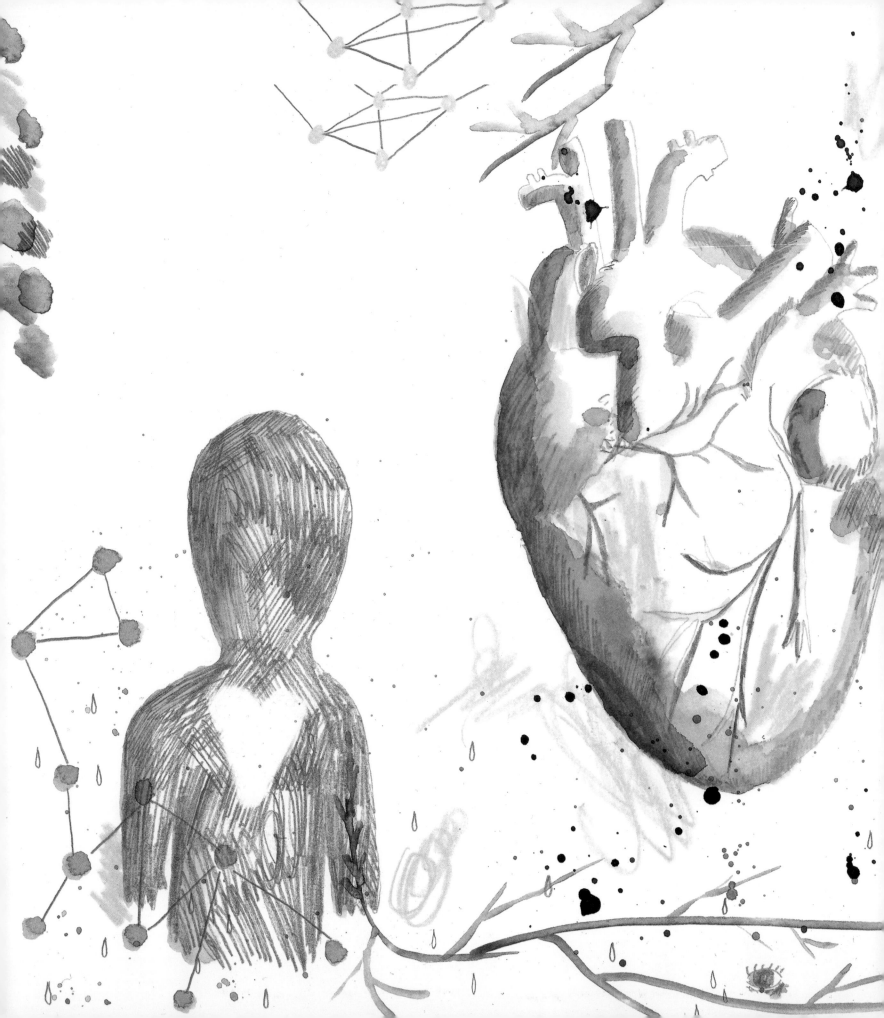

El amor duerme en el pecho del poeta

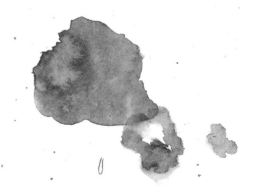

Tú nunca entenderás lo que te quiero
porque duermes en mí y estás dormido.
Yo te oculto llorando, perseguido
por una voz de penetrante acero.

Norma que agita igual carne y lucero
traspasa ya mi pecho dolorido
y las turbias palabras han mordido
las alas de tu espíritu severo.

Grupo de gente salta en los jardines
esperando tu cuerpo y mi agonía
en caballos de luz y verdes crines.

Pero sigue durmiendo, vida mía.
¡Oye mi sangre rota en los violines!
¡Mira que nos acechan todavía!

Llagas de amor

Esta luz, este fuego que devora,
este paisaje gris que me rodea,
este dolor por una sola idea,
esta angustia de cielo, mundo y hora,

este llanto de sangre que decora
lira sin pulso ya, lúbrica tea,
este peso del mar que me golpea,
este alacrán que por mi pecho mora,

son guirnaldas de amor, cama de herido,
donde sin sueño, sueño tu presencia
entre las ruinas de mi pecho hundido.

Y aunque busco la cumbre de prudencia
me da tu corazón valle tendido
con cicuta y pasión de amarga ciencia.

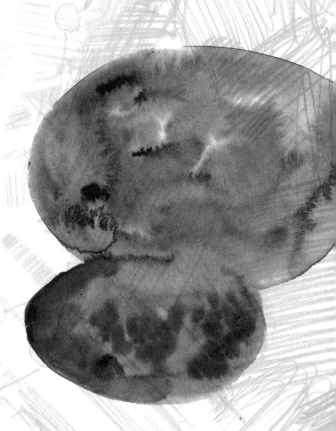

Grito hacia Roma

(Desde la torre del Chrysler Building)

Manzanas levemente heridas

por finos espadines de plata,

nubes rasgadas por una mano de coral

que lleva en el dorso una almendra de fuego,

peces de arsénico como tiburones,

tiburones como gotas de llanto para cegar una multitud,

rosas que hieren

y agujas instaladas en los caños de la sangre,

mundos enemigos y amores cubiertos de gusanos,

caerán sobre ti. Caerán sobre la gran cúpula

que unta de aceite las lenguas militares,

donde un hombre se orina en una deslumbrante paloma

y escupe carbón machacado

rodeado de miles de campanillas.

Porque ya no hay quien reparte el pan y el vino,

ni quien cultive hierbas en la boca del muerto,

ni quien abra los linos del reposo,

ni quien llore por las heridas de los elefantes.

No hay más que un millón de herreros
forjando cadenas para los niños que han de venir.
No hay más que un millón de carpinteros
que hacen ataúdes sin cruz.
No hay más que un gentío de lamentos
que se abren las ropas en espera de la bala.
El hombre que desprecia la paloma debía hablar,
debía gritar desnudo entre las columnas
y ponerse una inyección para adquirir la lepra
y llorar un llanto tan terrible
que disolviera sus anillos y sus teléfonos de diamante.
Pero el hombre vestido de blanco
ignora el misterio de la espiga,
ignora el gemido de la parturienta,
ignora que Cristo puede dar agua todavía,
ignora que la moneda quema el beso de prodigio
y da la sangre del cordero al pico idiota del faisán.

Los maestros enseñan a los niños
una luz maravillosa que viene del monte;
pero lo que llega es una reunión de cloacas
donde gritan las oscuras ninfas del cólera.

Los maestros señalan con devoción las enormes cúpulas sahumadas,

pero debajo de las estatuas no hay amor,

no hay amor bajo los ojos de cristal definitivo.

El amor está en las carnes desgarradas por la sed,

en la choza diminuta que lucha con la inundación;

el amor está en los fosos donde luchan las sierpes del hambre,

en el triste mar que mece los cadáveres de las gaviotas

y en el oscurísimo beso punzante debajo de las almohadas.

Pero el viejo de las manos traslúcidas

dirá: amor, amor, amor,

aclamado por millones de moribundos.

Dirá: amor, amor, amor,

entre el tisú estremecido de ternura;

dirá: paz, paz, paz,

entre el tirite de cuchillos y melones de dinamita.

Dirá: amor, amor, amor,

hasta que se le pongan de plata los labios.

Mientras tanto, mientras tanto, ¡ay!, mientras tanto,

los negros que sacan las escupideras,

los muchachos que tiemblan bajo el terror pálido de los directores,

las mujeres ahogadas en aceites minerales,

la muchedumbre de martillo, de violín o de nube,

ha de gritar aunque le estrellen los sesos en el muro,

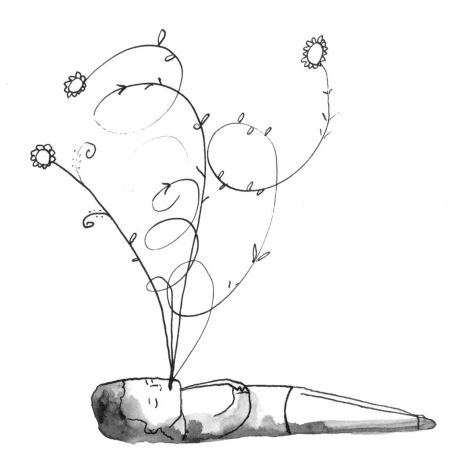

ha de gritar frente a las cúpulas,

ha de gritar loca de fuego,

ha de gritar loca de nieve,

ha de gritar con la cabeza llena de excremento,

ha de gritar como todas las noches juntas,

ha de gritar con voz tan desgarrada

hasta que las ciudades tiemblen como niñas

y rompan las prisiones del aceite y la música.

Porque queremos el pan nuestro de cada día,

flor de aliso y perenne ternura desgranada,

porque queremos que se cumpla la voluntad de la Tierra

que da sus frutos para todos.

Soneto

Largo espectro de plata conmovida
el viento de la noche suspirando,
abrió con mano gris mi vieja herida
y se alejó: yo estaba deseando.

Llaga de amor que me dará la vida
perpetua sangre y pura luz brotando.
Grieta en que Filomela enmudecida
tendrá bosque, dolor y nido blando.

¡Ay qué dulce rumor en mi cabeza!
Me tenderé junto a la flor sencilla
donde flota sin alma tu belleza.

Y el agua errante se pondrá amarilla,
mientras corre mi sangre en la maleza
mojada y olorosa de la orilla.

Sueño

Mi corazón reposa junto a la fuente fría.

> (Llénala con tus hilos,
> Araña del olvido.)

El agua de la fuente su canción le decía.

> (Llénala con tus hilos,
> Araña del olvido.)

Mi corazón despierto sus amores decía.

> (Araña del silencio,
> Téjele tu misterio.)

El agua de la fuente lo escuchaba sombría.

> (Araña del silencio,
> Téjele tu misterio.)

Mi corazón se vuelca sobre la fuente fría.

> (¡Manos blancas, lejanas,
> Detened a las aguas!)

Y el agua se lo lleva cantando de alegría.

> (¡Manos blancas, lejanas,
> Nada queda en las aguas!)

Noche del amor insomne

Noche arriba los dos con luna llena,
yo me puse a llorar y tú reías.
Tu desdén era un dios, las quejas mías
momentos y palomas en cadena.

Noche abajo los dos. Cristal de pena,
llorabas tú por hondas lejanías.
Mi dolor era un grupo de agonías
sobre tu débil corazón de arena.

La aurora nos unió sobre la cama,
las bocas puestas sobre el chorro helado
de una sangre sin fin que se derrama.

Y el sol entró por el balcón cerrado
y el coral de la vida abrió su rama
sobre mi corazón amortajado.

alba

Mi corazón oprimido

Siente junto a la alborada

El dolor de sus amores

Y el sueño de las distancias.

La luz de la aurora lleva

Semilleros de nostalgias

Y la tristeza sin ojos

De la médula del alma.

La gran tumba de la noche

Su negro velo levanta

Para ocultar con el día

La inmensa cumbre estrellada.

¡Qué haré yo sobre estos campos
Cogiendo nidos y ramas,
Rodeado de la aurora
Y llena de noche el alma!
¡Qué haré si tienes tus ojos
Muertos a las luces claras
Y no ha de sentir mi carne
El calor de tus miradas!
¿Por qué te perdí por siempre
En aquella tarde clara?
Hoy mi pecho está reseco
Como una estrella apagada.

La sombra de mi alma

La sombra de mi alma
Huye por un ocaso de alfabetos,
Niebla de libros
Y palabras.

¡La sombra de mi alma!

He llegado a la línea donde cesa
La nostalgia,
Y la gota de llanto se transforma,
Alabastro de espíritu.

(¡La sombra de mi alma!)

El copo del dolor
Se acaba,
Pero queda la razón y la sustancia
De mi viejo mediodía de labios,
De mi viejo mediodía
De miradas.

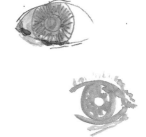

Un turbio laberinto
De estrellas ahumadas
Enreda mi ilusión
Casi marchita.

¡La sombra de mi alma!

Y una alucinación
Me ordeña las miradas.
Veo la palabra amor
Desmoronada.

¡Ruiseñor mío!
¡Ruiseñor!
¿Aún cantas?

Si mis manos pudieran deshojar

Yo pronuncio tu nombre
En las noches oscuras
Cuando vienen los astros
A beber en la luna
Y duermen los ramajes
De las frondas ocultas.
Y yo me siento hueco
De pasión y de música.
Loco reloj que canta
Muertas horas antiguas.

Yo pronuncio tu nombre
En esta noche oscura,
Y tu nombre me suena
Más lejano que nunca.
Más lejano que todas las estrellas
Y más doliente que la mansa lluvia.

¿Te querré como entonces
Alguna vez? ¿Qué culpa
Tiene mi corazón?
Si la niebla se esfuma,
¿Qué otra pasión me espera?
¿Será tranquila y pura?
¡¡Si mis dedos pudieran
Deshojar a la luna!!

San Miguel
(Granada)

A Diego Buigas de Dalmau

Se ven desde las barandas,
por el monte, monte, monte,
mulos y sombras de mulos
cargados de girasoles.

Sus ojos en las umbrías
se empañan de inmensa noche.
En los recodos del aire,
cruje la aurora salobre.

Un cielo de mulos blancos
cierra sus ojos de azogue
dando a la quieta penumbra
un final de corazones.
Y el agua se pone fría
para que nadie la toque.
Agua loca y descubierta
por el monte, monte, monte.

San Miguel lleno de encajes
en la alcoba de su torre,
enseña sus bellos muslos
ceñidos por los faroles.

Arcángel domesticado
en el gesto de las doce,
finge una cólera dulce
de plumas y ruiseñores.
San Miguel canta en los vidrios;
Efebo de tres mil noches,
fragante de agua colonia
y lejano de las flores.

El mar baila por la playa,
un poema de balcones.
Las orillas de la luna
pierden juncos, ganan voces.
Vienen manolas comiendo
semillas de girasoles,
los culos grandes y ocultos
como planetas de cobre.
Vienen altos caballeros
y damas de triste porte,
morenas por la nostalgia
de un ayer de ruiseñores.
Y el obispo de Manila,
ciego de azafrán y pobre,
dice misa con dos filos
para mujeres y hombres.

San Miguel se estaba quieto
en la alcoba de su torre,
con las enaguas cuajadas
de espejitos y entredoses.

San Miguel, rey de los globos
y de los números nones,
en el primor berberisco
de gritos y miradores.

El niño mudo

El niño busca su voz.
(La tenía el rey de los grillos.)
En una gota de agua
buscaba su voz el niño.

No la quiero para hablar;
me haré con ella un anillo
que llevará mi silencio
en su dedo pequeñito.

En una gota de agua
buscaba su voz el niño.

(La voz cautiva, a lo lejos,
se ponía un traje de grillo.)

Nueva York
(Oficina y denuncia)

A Fernando Vela

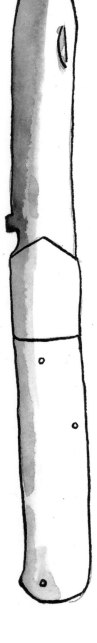

Debajo de las multiplicaciones
hay una gota de sangre de pato;
debajo de las divisiones
hay una gota de sangre de marinero;
debajo de las sumas, un río de sangre tierna.
Un río que viene cantando
por los dormitorios de los arrabales,
y es plata, cemento o brisa
en el alba mentida de New York.
Existen las montañas. Lo sé.
Y los anteojos para la sabiduría.
Lo sé. Pero yo no he venido a ver el cielo.
He venido para ver la turbia sangre,
la sangre que lleva las máquinas a las cataratas
y el espíritu a la lengua de la cobra.

Todos los días se matan en New York

cuatro millones de patos,

cinco millones de cerdos,

dos mil palomas para el gusto de los agonizantes,

un millón de vacas,

un millón de corderos

y dos millones de gallos

que dejan los cielos hechos añicos.

Más vale sollozar afilando la navaja

o asesinar a los perros en las alucinantes cacerías,

que resistir en la madrugada

los interminables trenes de leche,

los interminables trenes de sangre

y los trenes de rosas maniatadas

por los comerciantes de perfumes.

Los patos y las palomas

y los cerdos y los corderos

ponen sus gotas de sangre

debajo de las multiplicaciones,

y los terribles alaridos de las vacas estrujadas

llenan de dolor el valle

donde el Hudson se emborracha con aceite.

Yo denuncio a toda la gente
que ignora la otra mitad,
la mitad irredimible
que levanta sus montes de cemento
donde laten los corazones
de los animalitos que se olvidan
y donde caeremos todos
en la última fiesta de los taladros.

Os escupo en la cara.

La otra mitad me escucha

devorando, cantando, volando en su pureza

como los niños de las porterías

que llevan frágiles palitos

a los huecos donde se oxidan

las antenas de los insectos.

No es el infierno, es la calle.

No es la muerte. Es la tienda de frutas.

Hay un mundo de ríos quebrados y distancias inasibles

en la patita de ese gato quebrada por el automóvil,

y yo oigo el canto de la lombriz

en el corazón de muchas niñas.

Óxido, fermento, tierra estremecida.

Tierra tú mismo que nadas por los números de la oficina.

¿Qué voy a hacer? ¿Ordenar los paisajes?

¿Ordenar los amores que luego son fotografías,

que luego son pedazos de madera y bocanadas de sangre?

No, no; yo denuncio.

Yo denuncio la conjura

de estas desiertas oficinas

que no radian las agonías,

que borran los programas de la selva,

y me ofrezco a ser comido por las vacas estrujadas

cuando sus gritos llenan el valle

donde el Hudson se emborracha con aceite.

El poeta dice la verdad

Quiero llorar mi pena y te lo digo
para que tú me quieras y me llores
en un anochecer de ruiseñores,
con un puñal, con besos y contigo.

Quiero matar al único testigo
para el asesinato de mis flores
y convertir mi llanto y mis sudores
en eterno montón de duro trigo.

Que no se acabe nunca la madeja
del te quiero me quieres, siempre ardida
con decrépito sol y luna vieja.

Que lo que no me des y no te pida
será para la muerte, que no deja
ni sombra por la carne estremecida.

Romance de la luna, luna

A Conchita García Lorca

La luna vino a la fragua
con su polisón de nardos.
El niño la mira, mira.
El niño la está mirando.
En el aire conmovido
mueve la luna sus brazos
y enseña, lúbrica y pura,
sus senos de duro estaño.
Huye luna, luna, luna.
Si vinieran los gitanos,
harían con tu corazón
collares y anillos blancos.
Niño, déjame que baile.
Cuando vengan los gitanos,
te encontrarán sobre el yunque
con los ojillos cerrados.
Huye luna, luna, luna,
que ya siento sus caballos.
Niño, déjame, no pises
mi blancor almidonado.

El jinete se acercaba
tocando el tambor del llano.
Dentro de la fragua el niño,
tiene los ojos cerrados.
Por el olivar venían,
bronce y sueño, los gitanos.
Las cabezas levantadas
y los ojos entornados.

Cómo canta la zumaya,
¡ay cómo canta en el árbol!
Por el cielo va la luna
con un niño de la mano.

Dentro de la fragua lloran,
dando gritos, los gitanos.
El aire la vela, vela.
el aire la está velando.

Prendimiento de Antoñito el Camborio en el camino de Sevilla

A Margarita Xirgu

Antonio Torres Heredia,
hijo y nieto de Camborios,
con una vara de mimbre
va a Sevilla a ver los toros.
Moreno de verde luna
anda despacio y garboso.
Sus empavonados bucles
le brillan entre los ojos.
A la mitad del camino
cortó limones redondos,
y los fue tirando al agua
hasta que la puso de oro.
Y a la mitad del camino,
bajo las ramas de un olmo,
Guardia Civil caminera
lo llevó codo con codo.

El día se va despacio,
la tarde colgada a un hombro,
dando una larga torera
sobre el mar y los arroyos.
Las aceitunas aguardan
la noche de Capricornio,
y una corta brisa, ecuestre,
salta los montes de plomo.
Antonio Torres Heredia,
hijo y nieto de Camborios,
viene sin vara de mimbre
entre los cinco tricornios.

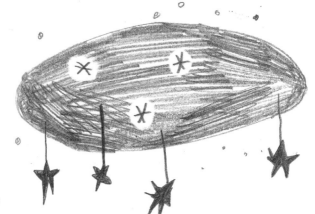

Antonio, ¿quién eres tú?
Si te llamaras Camborio,
hubieras hecho una fuente
de sangre con cinco chorros.
Ni tú eres hijo de nadie,
ni legítimo Camborio.
¡Se acabaron los gitanos
que iban por el monte solos!
Están los viejos cuchillos,
tiritando bajo el polvo.

A las nueve de la noche
lo llevan al calabozo,
mientras los guardias civiles
beben limonada todos.
Y a las nueve de la noche
le cierran el calabozo,
mientras el cielo reluce
como la grupa de un potro.

Llanto por Ignacio Sánchez Mejías

A mi querida amiga
Encarnación López Júlvez

1
La cogida y la muerte

A las cinco de la tarde.

Eran las cinco en punto de la tarde.

Un niño trajo la blanca sábana

a las cinco de la tarde.

Una espuerta de cal ya prevenida

a las cinco de la tarde.

Lo demás era muerte y sólo muerte

a las cinco de la tarde.

90

El viento se llevó los algodones

a las cinco de la tarde.

Y el óxido sembró cristal y níquel

a las cinco de la tarde.

Ya luchan la paloma y el leopardo

a las cinco de la tarde.

Y un muslo con un asta desolada

a las cinco de la tarde.

Comenzaron los sones del bordón

a las cinco de la tarde.

Las campanas de arsénico y el humo

a las cinco de la tarde.

En las esquinas grupos de silencio

a las cinco de la tarde.

¡Y el toro solo corazón arriba!

a las cinco de la tarde.

Cuando el sudor de nieve fue llegando

a las cinco de la tarde,

cuando la plaza se cubrió de yodo

a las cinco de la tarde,

la muerte puso huevos en la herida

a las cinco de la tarde.

A las cinco de la tarde.

A las cinco en punto de la tarde.

Un ataúd con ruedas es la cama
a las cinco de la tarde.
Huesos y flautas suenan en su oído
a las cinco de la tarde.
El toro ya mugía por su frente
a las cinco de la tarde.
El cuarto se irisaba de agonía
a las cinco de la tarde.
A lo lejos ya viene la gangrena
a las cinco de la tarde.
Trompa de lirio por las verdes ingles
a las cinco de la tarde.
Las heridas quemaban como soles
a las cinco de la tarde,
y el gentío rompía las ventanas
a las cinco de la tarde.
A las cinco de la tarde.
¡Ay qué terribles cinco de la tarde!
¡Eran las cinco en todos los relojes!
¡Eran las cinco en sombra de la tarde!

2
La sangre derramada

¡Que no quiero verla!

Dile a la luna que venga,
que no quiero ver la sangre
de Ignacio sobre la arena.

¡Que no quiero verla!

La luna de par en par,
caballo de nubes quietas,
y la plaza gris del sueño
con sauces en las barreras.

¡Que no quiero verla!
Que mi recuerdo se quema.

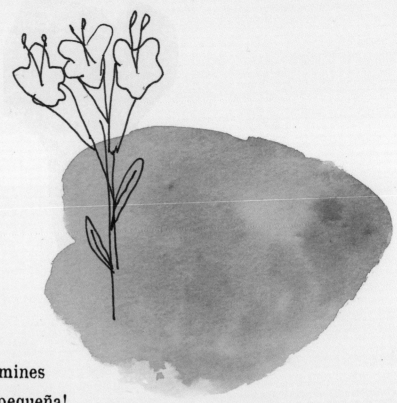

¡Avisad a los jazmines
con su blancura pequeña!

¡Que no quiero verla!

La vaca del viejo mundo
pasaba su triste lengua
sobre un hocico de sangres
derramadas en la arena,
y los toros de Guisando,
casi muerte y casi piedra,
mugieron como dos siglos
hartos de pisar la tierra.

No.
¡Que no quiero verla!

Por las gradas sube Ignacio
con toda su muerte a cuestas.
Buscaba el amanecer,
y el amanecer no era.
Busca su perfil seguro,
y el sueño lo desorienta.
Buscaba su hermoso cuerpo
y encontró su sangre abierta.
¡No me digáis que la vea!
No quiero sentir el chorro
cada vez con menos fuerza;
ese chorro que ilumina
los tendidos y se vuelca
sobre la pana y el cuero
de muchedumbre sedienta.
¡Quién me grita que me asome!
¡No me digáis que la vea!

No se cerraron sus ojos
cuando vio los cuernos cerca,
pero las madres terribles
levantaron la cabeza.
Y a través de las ganaderías,
hubo un aire de voces secretas,
que gritaban a toros celestes,
mayorales de pálida niebla.

No hubo príncipe en Sevilla
que comparársele pueda,
ni espada como su espada
ni corazón tan de veras.
Como un río de leones
su maravillosa fuerza,
y como un torso de mármol
su dibujada prudencia.
Aire de Roma andaluza
le doraba la cabeza
donde su risa era un nardo
de sal y de inteligencia.
¡Qué gran torero en la plaza!
¡Qué buen serrano en la sierra!
¡Qué blando con las espigas!
¡Qué duro con las espuelas!
¡Qué tierno con el rocío!
¡Qué deslumbrante en la feria!
¡Qué tremendo con las últimas
banderillas de tiniebla!

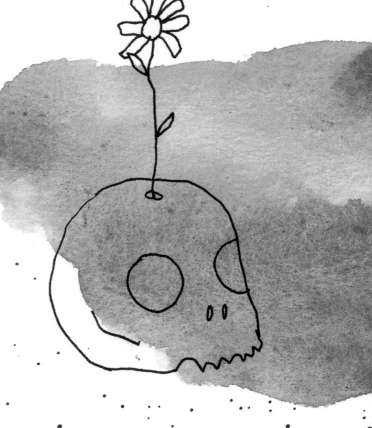

Pero ya duerme sin fin.
Ya los musgos y la hierba
abren con dedos seguros
la flor de su calavera.
Y su sangre ya viene cantando:
cantando por marismas y praderas,
resbalando por cuernos ateridos,
vacilando sin alma por la niebla,
tropezando con miles de pezuñas
como una larga, oscura, triste lengua,
para formar un charco de agonía
junto al Guadalquivir de las estrellas.

¡Oh blanco muro de España!
¡Oh negro toro de pena!
¡Oh sangre dura de Ignacio!
¡Oh ruiseñor de sus venas!

No.
¡Que no quiero verla!
Que no hay cáliz que la contenga,
que no hay golondrinas que se la beban,
no hay escarcha de luz que la enfríe,
no hay canto ni diluvio de azucenas,
no hay cristal que la cubra de plata.
No.
¡¡Yo no quiero verla!!

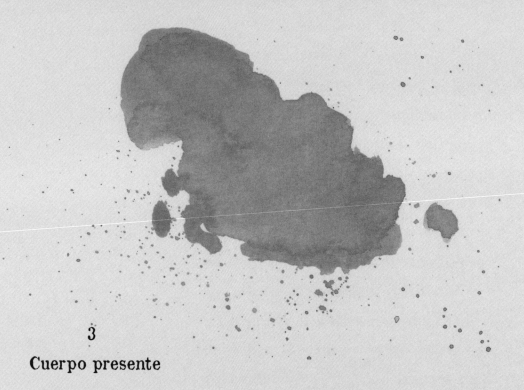

3

Cuerpo presente

La piedra es una frente donde los sueños gimen
sin tener agua curva ni cipreses helados.
La piedra es una espalda para llevar al tiempo
con árboles de lágrimas y cintas y planetas.

Yo he visto lluvias grises correr hacia las olas
levantando sus tiernos brazos acribillados,
para no ser cazadas por la piedra tendida
que desata sus miembros sin empapar la sangre.

Porque la piedra coge simientes y nublados,
esqueletos de alondras y lobos de penumbra;
pero no da sonidos, ni cristales, ni fuego,
sino plazas y plazas y otra plaza sin muros.

Ya está sobre la piedra Ignacio el bien nacido.
Ya se acabó; ¿qué pasa? Contemplad su figura:
la muerte le ha cubierto de pálidos azufres
y le ha puesto cabeza de oscuro minotauro.

Ya se acabó. La lluvia penetra por su boca.
El aire como loco deja su pecho hundido,
y el Amor, empapado con lágrimas de nieve,
se calienta en la cumbre de las ganaderías.

¿Qué dicen? Un silencio con hedores reposa.
Estamos con un cuerpo presente que se esfuma,
con una forma clara que tuvo ruiseñores
y la vemos llenarse de agujeros sin fondo.

¿Quién arruga el sudario? ¡No es verdad lo que dice!
Aquí no canta nadie, ni llora en el rincón,
ni pica las espuelas, ni espanta la serpiente:
aquí no quiero más que los ojos redondos
para ver ese cuerpo sin posible descanso.

Yo quiero ver aquí los hombres de voz dura.
Los que doman caballos y dominan los ríos:
los hombres que les suena el esqueleto y cantan
con una boca llena de sol y pedernales.

Aquí quiero yo verlos. Delante de la piedra.
Delante de este cuerpo con las riendas quebradas.
Yo quiero que me enseñen dónde está la salida
para este capitán atado por la muerte.

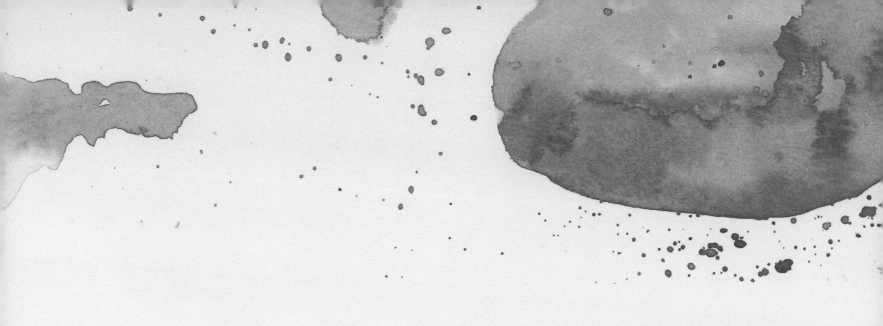

Yo quiero que me enseñen un llanto como un río
que tenga dulces nieblas y profundas orillas,
para llevar el cuerpo de Ignacio y que se pierda
sin escuchar el doble resuello de los toros.

Que se pierda en la plaza redonda de la luna
que finge cuando niña doliente res inmóvil;
que se pierda en la noche sin canto de los peces
y en la maleza blanca del humo congelado.

No quiero que le tapen la cara con pañuelos
para que se acostumbre con la muerte que lleva.
Vete, Ignacio: No sientas el caliente bramido.
Duerme, vuela, reposa: ¡También se muere el mar!

4
Alma ausente

No te conoce el toro ni la higuera,
ni caballos ni hormigas de tu casa.
No te conoce el niño ni la tarde
porque te has muerto para siempre.

No te conoce el lomo de la piedra,
ni el raso negro donde te destrozas.
No te conoce tu recuerdo mudo
porque te has muerto para siempre.

El Otoño vendrá con caracolas,
uva de niebla y montes agrupados,
pero nadie querrá mirar tus ojos
porque te has muerto para siempre.

Porque te has muerto para siempre,

como todos los muertos de la Tierra,

como todos los muertos que se olvidan

en un montón de perros apagados.

No te conoce nadie. No. Pero yo te canto.

Yo canto para luego tu perfil y tu gracia.

La madurez insigne de tu conocimiento.

Tu apetencia de muerte y el gusto de su boca.

La tristeza que tuvo tu valiente alegría.

Tardará mucho tiempo en nacer, si es que nace,

un andaluz tan claro, tan rico de aventura.

Yo canto su elegancia con palabras que gimen

y recuerdo una brisa triste por los olivos.

FIN DE «LLANTO POR IGNACIO SÁNCHEZ MEJÍAS»

Balada de la placeta

Cantan los niños
en la noche quieta:
¡Arroyo claro,
Fuente serena!

Los niños
¿Qué tiene tu divino
Corazón en fiesta?

Yo
Un doblar de campanas
Perdidas en la niebla.

Los niños
Ya nos dejas cantando
En la plazuela.
¡Arroyo claro,
Fuente serena!

¿Qué tienes en tus manos
De primavera?

Yo
Una rosa de sangre
Y una azucena.

Los niños
Mójalas en el agua
De la canción añeja.
¡Arroyo claro,
Fuente serena!

¿Qué sientes en tu boca
Roja y sedienta?

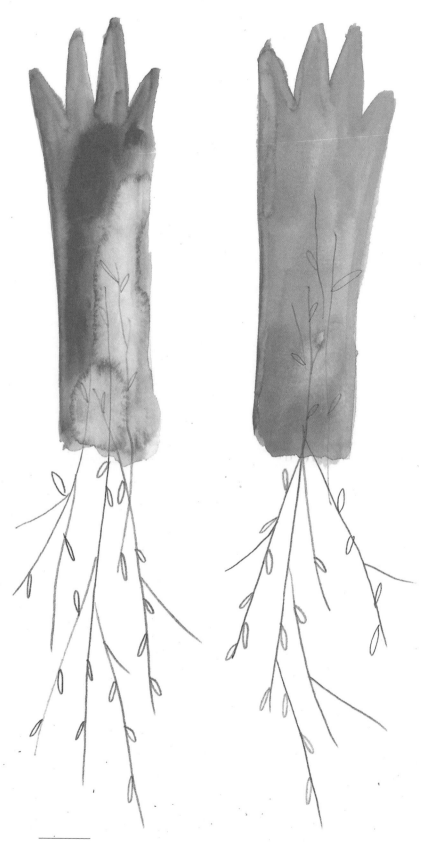

Yo

El sabor de los huesos
de mi gran calavera.

Los niños

Bebe el agua tranquila
De la canción añeja.
¡Arroyo claro,
Fuente serena!

¿Por qué te vas tan lejos
De la plazuela?

Yo

¡Voy en busca de magos
Y de princesas!

Los niños

¿Quién te enseñó el camino
De los poetas?

Yo

La fuente y el arroyo
De la canción añeja.

Los niños

¿Te vas lejos, muy lejos
Del mar y de la tierra?

Yo

Se ha llenado de luces
Mi corazón de seda,
De campanas perdidas,
De lirios y de abejas.
Y yo me iré muy lejos,
Más allá de esas sierras,
Más allá de los mares,
Cerca de las estrellas,
Para pedirle a Cristo
Señor que me devuelva
Mi alma antigua de niño,
Madura de leyendas,
Con el gorro de plumas
Y el sable de madera.

Los niños
Ya nos dejas cantando
En la plazuela.
¡Arroyo claro,
Fuente serena!

Las pupilas enormes
De las frondas resecas,
Heridas por el viento,
Lloran las hojas muertas.

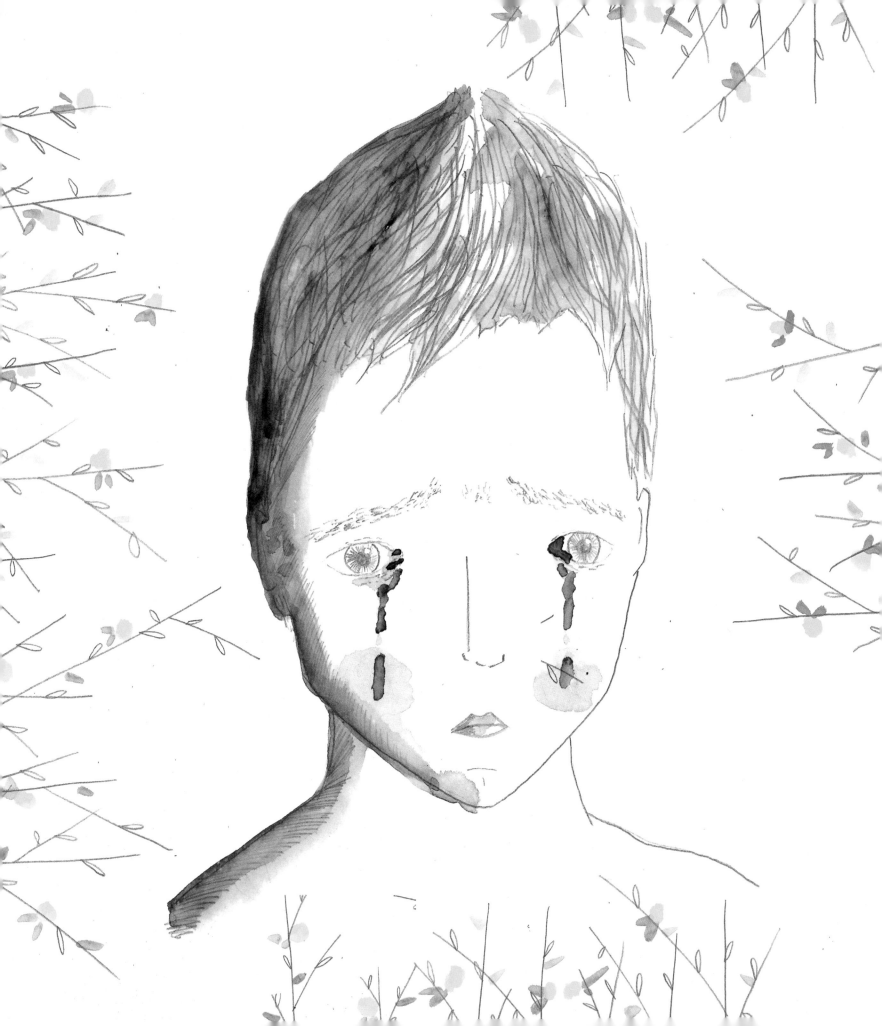

3 CASAS-MUSEO EN LA RUTA DE GARCÍA LORCA

CASA-MUSEO
FEDERICO GARCÍA LORCA
Fuente Vaqueros

El Museo-Casa Natal
Federico García Lorca
de Fuente Vaqueros,
Informa:

Granada
enero 2019

Este
Libro empieza
con un maleficio
el maleficio
de una
Mariposa.

Museo-Casa VALDERUBIO
la
milia
orcía
Lorca

A ALCALA·
LA REAL

A JAÉN
N-323

ALFACAR
A-92

FOSA
COMÚN

VÍZNAR

Casa Natal
García Lorca

El Farge

A SIERRA
NEVADA

Fuente
VAQUEROS

A MÁLAGA
SEVILLA
N-342

del puerto

GRANADA Huerta de San
Vicente Casa-Museo
Federico García Lorca

Mapa Visita

Entre Alfacar y Víznar
hay un barranco con
un cartel que anuncia
que estás sobre una
fosa común de víctimas de
la Guerra Civil Española,
la energía allí es dura,
gris, el aire es plomo.
   Cualquiera de los cadáveres
bajo mis pies podría ser el
   de Federico García Lorca.

El colegio en el que estudié se llamaba Colegio Público Federico García Lorca, estaba en mi barrio, Patrocinio de San José. A veces durante la semana cultural algún profesor nos hablaba de aquel poeta que daba nombre a nuestro colegio. Y en mi cabeza infantil Federico García Lorca se había convertido con los años en una especie de ángel o santo. No fue hasta hasta sexto o séptimo de EGB cuando una profesora, que podría haber sido una de las intérpretes que trabajaban en La Barraca, nos contó toda la historia de quién era y qué había sido de Federico García Lorca.

Me acuerdo que una niña se puso a llorar, yo también habría llorado, pero a esas alturas mi reputación de mariquita del colegio estaba en su punto más álgido y si hubiera llorado, aunque hubiera sido una lagrimita de nada, el resultado hubiera sido fatal.

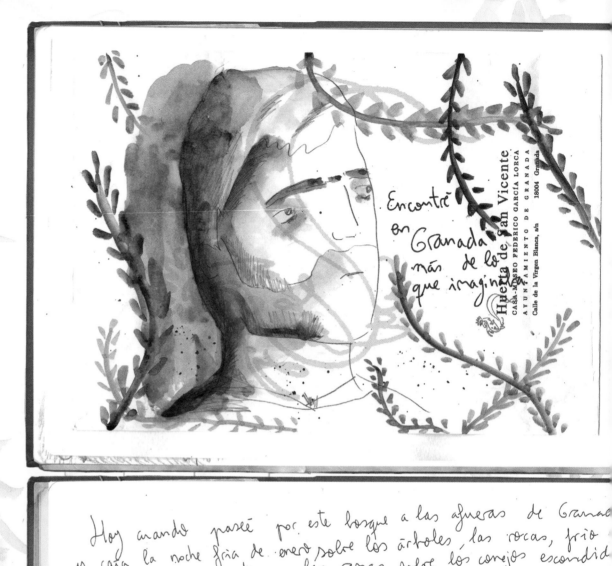

Encontré en Granada más de lo que imaginaba

Huerta de San Vicente
CASA-MUSEO FEDERICO GARCÍA LORCA
AYUNTAMIENTO DE GRANADA
Calle de la Virgen Blanca, s/n   18004 Granada

Hoy cuando pasé por este bosque a las afueras de Granada
y caía la noche fría de enero sobre los árboles, las rocas, frío
los pájaros durmiendo en las ramas, sobre los conejos escondidos
en sus madrigueras, sobre cadáveres, los cadáveres humanos tirados
después de ser asesinados aquí en este barranco, unos anónimos, otros
con nombre y apellidos, pero todos ellos gente que quería un mundo
más igualitario y más justo.

En esta casa nació
el 5 de junio de 1898
Federico García Lorca.

Y por el bosque ahora ~~que~~ que casi
no se ~~~~ ve nada se me ha caído una
~~~~ lágrima y he dejado de sentir frío.
Y lo que siento ~~~~ son un montón
de ángeles volando a mi alrededor. Y el
viento silba una canción que dice:
Viva
La Libertad.

Visitamos la casa
de Valla, me siento en el
patio donde se sentaba con
Lorca. He visto su piano y
un tapiz hecho por unas monjas
en el que su amigo Lorca
se inspiraba para hacer
sus dibujos. Su austera casa
me ha emociona e inspirado
y puesto el alma de punta.

En la Calle Real de
Valderrubio 1, se encuen...
la Casa de las vecin...
que inspiraron a Lorca...
obra de teatro "La Casa...
Bernarda Alba."

La visita teatralizada...
me pone los pe... pelo...
punto. La interpretaci...
de María Josefa, madre...
Bernarda, es maravillosa...

La Casa de Bernarda Alba.

Granada

Desde mi cuarto
oigo el surtidor
Un dedo de la
parra y un rayo
de sol, señalando
hacia el sitio
de mi corazón.

En La Huerta
de S. Vicente
se respira Lorca.

Huerta de San Vicente
CASA-MUSEO FEDERICO GARCÍA LORCA
AYUNTAMIENTO DE GRANADA
Calle de la Virgen Blanca, s/n   18004 Granada

HUERTA
DE S. VICENTE
Nº 6

PROCEDENCIA DE LOS POEMAS

«Jardín chino», dentro de la serie «Castillo de fuegos artificiales quemado con motivo del cumpleaños del poeta», del libro *Suites*.

«Leñador», dentro de la serie «Secretos», del libro *Suites*.

«Madre», dentro de la serie «Noche. Suite para piano y voz emocionada», del libro *Suites*.

«Es verdad», dentro de la serie «Andaluzas», del libro *Canciones*.

«La guitarra», dentro de la serie «Poema de la siguiriya gitana», del libro *Poema del Cante Jondo*.

«Escuela», cuarto poema de la serie «Historietas del viento», del libro *Suites*.

«Baile», dentro de la serie «Tortugas», del libro *Suites*.

«Pan», dentro de la serie «Secretos», del libro *Suites*.

«Memento. Aire de llano», dentro de la serie «Seis canciones de anochecer», del libro *Suites*.

«Cometa», dentro de la serie «Noche», del libro *Suites*.

«Canción tonta», dentro de la serie «Canciones para niños», del libro *Canciones*.

«Ciudad sin sueño. Nocturno del Brooklyn Bridge», dentro de la tercera parte «Calles y sueños», del libro *Poeta en Nueva York*.

«Mariposa del aire», fragmento del libro *La zapatera prodigiosa*.

«Caracol», primer poema de la serie «Caracol», del libro *Suites*.

«Romance sonámbulo», del libro *Primer romancero gitano*.

«El poeta habla por teléfono con el amor», del libro *Sonetos del amor oscuro*.

«El amor duerme en el pecho del poeta», del libro *Sonetos del amor oscuro*.

«Llagas de amor», del libro *Sonetos del amor oscuro*.

«Grito hacia Roma. Desde la torre del Chrysler Building», dentro de la octava parte «Dos odas», del libro *Poeta en Nueva York*.

«Soneto», dentro de la serie «Amor. Con alas y flechas», del libro *Canciones*.

«Sueño», del libro *Libro de poemas*.

«Noche del amor insomne», del libro *Sonetos del amor oscuro*.

«Alba», del libro *Libro de poemas*.

«La sombra de mi alma», del libro *Libro de poemas*.

«Si mis manos pudieran deshojar», del libro *Libro de poemas*.

«San Miguel. Granada», del libro *Primer romancero gitano*.

«El niño mudo», dentro de la serie «Trasmundo», del libro *Canciones*.

«Nueva York. Oficina y denuncia», dentro de la séptima parte «Vuelta a la ciudad», del libro *Poeta en Nueva York*.

«El poeta dice la verdad», dentro de la serie «Sonetos del amor oscuro», del libro *Sonetos*.

«Romance de la luna, luna», del libro *Primer romancero gitano*.

«Prendimiento de Antoñito el Camborio en el camino de Sevilla», del libro *Primer romancero gitano*.

«La cogida y la muerte», del libro *Llanto por Ignacio Sánchez Mejías*.

«La sangre derramada», del libro *Llanto por Ignacio Sánchez Mejías*.

«Cuerpo presente », del libro *Llanto por Ignacio Sánchez Mejías*.

«Alma ausente», del libro *Llanto por Ignacio Sánchez Mejías*.

«Balada de la placeta», del libro *Libro de poemas*.